JN103818

ひとぬりで幸せになる
パン友レシピ

荻山和也

WAVE出版

忙しくて疲れてしまった日

嫌なこと、悲しいことがあった日

そんなときは

お気に入りのパンを用意して

ちょっと休憩

いつもより少しかわいい

心ときめくお皿に

パンをのせよう

ひとさじの魔法をパンにかければ

おなかも心も幸せいっぱいに満たされる

はじめに

僕が「パン友」と聞いて、最初に思い浮かべるのは、バターやジャムなどの子供の頃から慣れ親しんだもの。熱々のトーストに、たっぷりとぬったバターといちごジャムは土曜日の朝の定番でした。パン研究家となり、パンのレシピはもちろん、焼き上がったパンの食べ方なども提案することが多くなると、バターやジャムだけではない、「パン友」の多彩さに改めて気づくこととなりました。「友」だけではなく、パン自体の種類も、本当に多彩になりました。様々な国の、いろいろなパン達が、パン屋さんだけでなく、スーパーやコンビニなどでも手軽に買えるようになりました。そして、

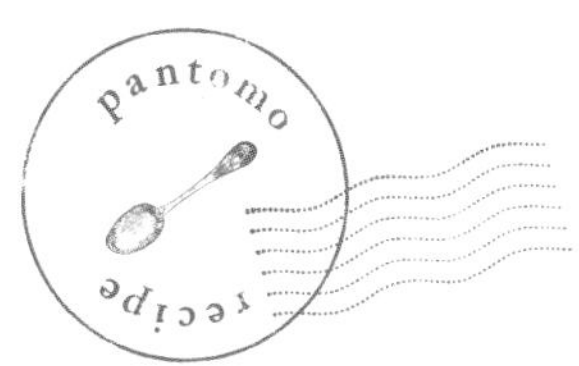

そのどれもクオリティが高く、こんなに身近においしいパンがあふれていることに、驚かされます。

この本に載せた「パン友」は、手に入りやすい材料を使って、なるべく簡単なレシピで、気軽にパンを楽しんでいただけるものばかりです。

皆さんのお気に入りのパン達に、ぴったりの「パン友」をぜひ見つけてください。

荻山和也

パンの特徴と
相性の良いパン友の選び方

たくさんの種類があるパン。
それぞれのパンの特徴や、どんなものと相性が良いのかを知ることで、
より充実したパン友ライフを送ることができます。

角食パン

ふたを閉めて焼く四角いパン。きめが細かくて、しっとりしているのが特徴です。厚切り、薄切り、トーストなど楽しみ方も多彩で、どんなものとも合うパンです。

山型食パン

ふたを閉めずに焼くため、上に向かって生地が伸びて焼き上がるパン。香ばしくて、口溶けが良いです。食感が軽いので、なめらかなペーストと好相性です。

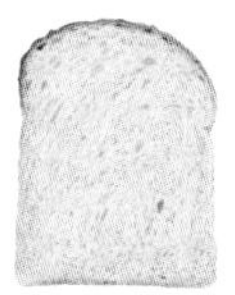

全粒粉の食パン

小麦を皮ごとひいた全粒粉を使用したパン。その配合量が多いほど、重く詰まった焼き上がりに。独特のフレーバーがあるので、スパイスなどの風味の強いものとの相性が◎。

生食パン

クリームやはちみつなどをふんだんに使った、ソフトな食パン。ややオイリーで、甘みが強いのが特徴。甘いペーストやフルーツを使ったもの、油分の多いものとよく合います。

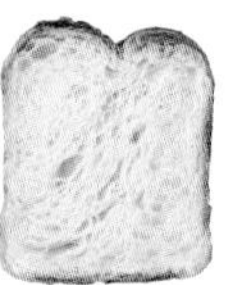

デニッシュ食パン

バターを折り込んだ生地を型入れして作る食パン。外側は香ばしく内側はソフトで、バターの風味が濃厚。ジャムなど甘くフレッシュな香りがするものと相性が良いです。

米粉のパン

米独特のモッチリとした食感が特徴のパン。米粉の配合が多いほど、モッチリ感が強くなります。軽くトーストすると食感が軽くなり、魚系や和風の素材と好相性です。

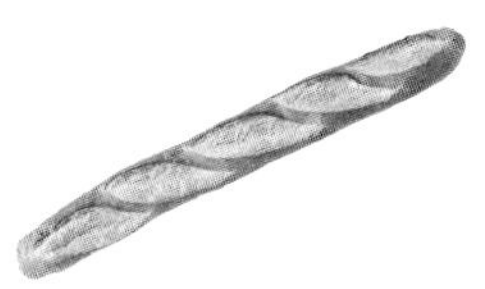

バゲット

外側はパリパリで、内側は気泡が多くモッチリした食感のパン。同じ生地の配合でも大きさで名前に違いが。甘いもの、塩味のもの、オイリーなもの、あらゆるものと合います。

ライ麦パン

ずっしり詰まった重い食感と、酸味が特徴のパン。ライ麦の配合量によって名前は様々。パンに負けない強い風味のものや、意外にしょうゆなどの和素材との相性も良いです。

コッペパン

具材を挟んで食べることが多い、プレーンな食事パン。野菜をたっぷり使い、ゴロゴロッとしたペーストを、こぼれそうなほどサンドするのがおすすめです。

ベーグル

生地をゆでてから焼くため、ギュッと詰まった、ずっしりとした食感のパン。クリームチーズや、ナッツなどを使った、緻密なペーストと相性が良いです。

イングリッシュマフィン

外側にコーンの粉がついた、小型の食事パン。ソフトで歯切れの良い食感と、コーンミールの香ばしい風味が特徴です。チーズや、クリーミーなソースとよく合います。

ロールパン

卵が配合された生地で作る、プレーンな食事パン。生地をロールすることで、ソフトながらもほど良いコシがあります。バターの風味が強いものと食べるのがおすすめです。

クロワッサン

バターを折り込んだ生地で作る小型の食事パン。全体的に軽く、バターの風味がリッチです。卵などバターと相性の良いものや、オイリーなペーストが合います。

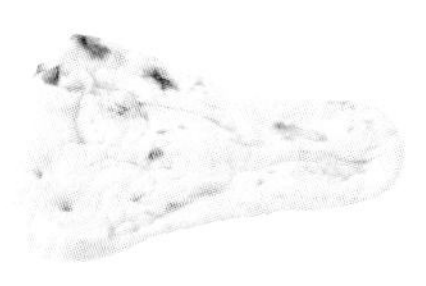

ナン

カレーにぴったりな、平焼きの食事パン。卵や油脂が配合され、見た目よりもリッチで濃厚な味わいです。汁っぽいペーストやソースと相性が良いです。

食パンの厚さと相性の良いパン友は？

薄切り（8枚切り）のパンには、軽めの食感のなめらかなペーストが合い、中間の厚さ（6枚切り）のパンには、水分が多めな印象のペーストが、厚切り（4枚切り）のパンには、具が大きく、味の強いペーストが合います。

調理の前に
確認しましょう

本書の使い方

【 レシピについて 】

いり卵のタルタルソース

卵はゆでないから調理もラクに♪

② ロールパン
角食パン
山型食パン

【材料】2人分(約170g) ①

卵…2個
塩…小さじ1/4
粗びき黒こしょう…少々
玉ねぎ…1/8個(約40g)
きゅうり…1/4本(約30g)
サラダ油…小さじ2
マヨネーズ…大さじ3 ③

【作り方】

1 卵は割りほぐし、塩、黒こしょうで下味をつける。玉ねぎときゅうりは粗みじん切りにする。

2 フライパンにサラダ油を入れて中火で熱し、玉ねぎときゅうりを加えて軽く炒めたら、端に寄せ、卵を加えていり卵にする。

3 ボウルに取って粗熱が取れたら、マヨネーズを加えてよく混ぜ合わせてできあがり。

当日中 ④

38

①

本書では、レシピのできあがりの量を目安として表示しています。食材の個体差や、調理時の水分の蒸発加減で重さは多少異なります。

②

本書では、レシピごとにおすすめのパン(p10-11参照)を紹介しています。

=焼かずにぬるとよりおいしいパン

=焼いてからぬるとよりおいしいパン

もちろんお好みのパンにぬって食べてもOK! 好きな組み合わせを探してみてください。

③

本書では、レシピの【作り方】の手順に出てくる順番で材料を表記しています。

④

本書では、レシピの【作り方】の手順の下に、保存期間の目安を表示しています。冷凍保存は、調理後すぐに冷凍した場合です。あくまでも目安ですので、作ったらできるだけ早く食べ切りましょう。

【 食材について 】

卵

本書で使用している卵は、すべてMサイズです。

バター

本書で使用しているバターは、すべて食塩不使用のバターです。

砂糖

本書で砂糖と表記してあるものは、上白糖を使用しています。

生クリーム

本書で使用している生クリームでとくに表記のないものは、脂肪分が45％以上のものを使用しています。

【 分量について 】

1つまみとは？

1つまみは、親指、人さし指、中指の3本でつまんだ量が目安です。塩1つまみはおよそ1g（小さじ1/8）です。

1片とは？

しょうがとにんにくの1片の目安は、しょうが＝親指大（約10g）、にんにく＝小指大（約5g）です。

【 材料の準備について 】

室温に戻すとは？

材料表記で室温に戻すと記載してあるバターやクリームチーズは、常温で1時間ほどおいてからご使用ください。

【 機器について 】

電子レンジについて

本書では電子レンジを使用する際、600Wで加熱していますが、ご使用の機器によって加熱時間には差がありますので、様子を見ながら加熱してください。

道具について

本書で使用している道具を紹介します。

鍋

本書のレシピで小鍋と表記しているものは直径15㎝、鍋と表記しているものは直径18㎝のものを使用しています。カラメルソース作りなど、水分が蒸発しやすく焦げつきやすいものは、小鍋での調理が向いています。

フードプロセッサー

食材をみじん切りにしたり、ペースト状にするときに重宝します。レシピによってはこれ1台で調理できてしまうものもあり、大変便利です。

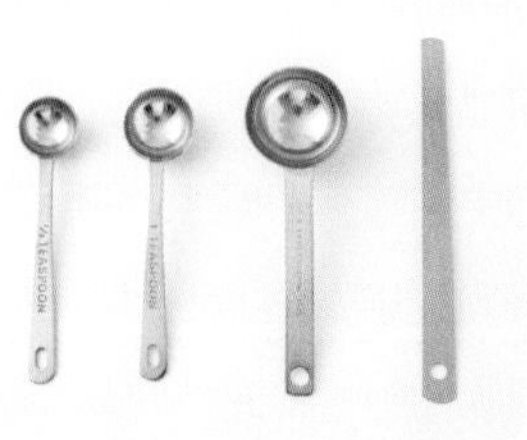

計量スプーン

本書では大さじ1＝15㎖、小さじ1＝5㎖、小さじ1/2＝2.5㎖のものを使用しています。へらを使って上手に量りましょう。

ホイッパー

調味液を混ぜ合わせたり、生クリームを泡立てる際に使用します。

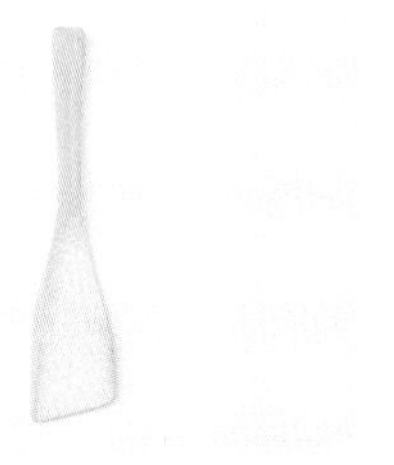

木べら

加熱調理に使用できるので、鍋で食材を炒める際にあると便利です。

ゴムべら

バターやクリームチーズをなめらかにしたり、材料を混ぜ合わせるのに便利です。耐熱性のものだと、加熱調理にも使用できます。

マッシャー

材料をつぶすときに持っておくと作業しやすいです。

アク取り

果物や野菜を使用した加熱調理のジャムを作るときに、大変重宝します。

ストレーナー

材料を濾すときに使用します。少量なら茶こしで代用可能です。

レモンしぼり器

レモン果汁を使用するレシピの調理時にあると便利です。

おいしさと鮮度を保つために

【 瓶の煮沸消毒 】

❶ 容器を洗う

加熱可能な容器か確認し、中性洗剤で洗う。

❷ 煮沸する

鍋に瓶とふたを入れ、瓶の中に空気が入らないようにかぶるまで水を注いだら、中火で加熱して沸騰させ、1分ほど待つ。

❸ 取り出す

瓶の口を下にしながら、清潔な菜箸やトングで、瓶の中のお湯を出すようにして、鍋から取り出す（熱いので直接触れないように気を付ける）。

❹ 乾燥させる

瓶の口を上に向けて、キッチンペーパーや布巾の上に置き、余熱で乾燥させる。

調理したジャムやディップなどを瓶に詰めるときは、
消毒してから詰めると清潔な状態が保たれるので安心です。
ここでは煮沸消毒の方法を説明します。

ジャムの詰め方も
重要です

【 加熱調理したジャムを保存する場合 】

1 ジャムを瓶に流し入れる

煮沸消毒した瓶に、加熱調理したジャムをあたたかいうちに流し入れる。

2 瓶いっぱいに詰める

空気が入らないように、瓶のふちいっぱいまで詰める。

3 瓶からあふれてしまったら

瓶の周りにジャムがついた場合は、清潔なペーパータオルでふき取る。

4 瓶を冷ます

瓶にジャムを詰めたら、しっかりとふたを閉め、逆さにして冷ます。

CONTENTS

Part 1 ひとぬりで前菜になるパン友レシピ

Part 2 ひとぬりでメインになるパン友レシピ

Part 3 ひとぬりでおつまみになるパン友レシピ

Part

4 ひとぬりでデザートになるパン友レシピ

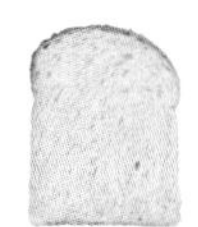

Part

1

ひとぬりで前菜になるパン友レシピ

～日々の食卓を彩る20のレシピ～

ジャーマンポテトペースト

粒マスタードがおいしさのアクセントに

バゲット
山型食パン
ライ麦パン

【材料】2人分(約100g)

じゃがいも…1個(約130g)
ソーセージ…1本
スライスベーコン…1枚
にんにく…1/2片
オリーブオイル…小さじ2
塩…小さじ1/4
粗びき黒こしょう…少々
粒マスタード…小さじ2

【作り方】

1 じゃがいもは皮をむいて2cm角に切り、水にさらしたら、水気を切って耐熱の器にのせてラップをかけ、600Wの電子レンジで3分加熱する(または串が通るまでゆでて水気を切る)。ソーセージは5mm幅の輪切りに、ベーコンは1cm幅に切り、にんにくはみじん切りにする。

2 フライパンにオリーブオイルを入れて中火で熱し、にんにくを入れて香りが立つまで炒めたら、ソーセージとベーコンを入れて油がにじむまで炒める。

3 じゃがいもを入れて表面に少し焼き目がつくまで炒めたら、塩、黒こしょう、粒マスタードを入れ、マッシャーでじゃがいもを軽くつぶすようにして、よく混ぜ合わせてできあがり。

冷蔵2日

ポテトマサラ

スパイシーでホクホクなじゃがいもが食欲をそそる

ロールパン
角食パン
ナン

【材料】2人分（約100g）

じゃがいも…1個（約130g）
にんにく…1/2片
バター…10g
塩…1つまみ
カレー粉…小さじ1/2
ウスターソース…小さじ1/2
パセリみじん切り…適宜

【作り方】

1 じゃがいもは皮をむいて1cm角に切り、水にさらしたら、水気を切って耐熱の器にのせてラップをかけ、600Wの電子レンジで2分加熱する（または串が通るまでゆでて水気を切る）。にんにくはみじん切りにする。

2 フライパンにバターとにんにくを入れて中火で熱し、香りが立つまで炒めたら、じゃがいもを加え、表面に少し焼き目がつくまで炒める。

3 塩、カレー粉、ウスターソースを加えて炒め合わせたら器に盛り、パセリを振ってできあがり。

冷蔵2日

クリームポテト

クリーミーなポテトとブラックペッパーがよく合う！

バゲット
角食パン
生食パン

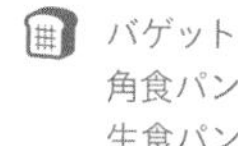

【材料】2人分（約150g）

じゃがいも…1個（約130g）
サラダ油…小さじ1
牛乳…50mℓ
生クリーム…50mℓ
塩…小さじ1/4弱
粗びき黒こしょう…少々
ナツメグ…少々

POINT

冷めると水分がなくなるので、煮詰めすぎないよう注意しましょう。

【作り方】

1 じゃがいもは皮をむいて、7㎜ほどの大きさの粗みじん切りにする。

2 フライパンにサラダ油を入れて中火で熱し、じゃがいもを入れてきつね色になるまで炒める。

3 牛乳と生クリームを加えてよくかき混ぜながら沸騰させたら、塩、黒こしょう、ナツメグで味付けしてできあがり。

冷蔵2日

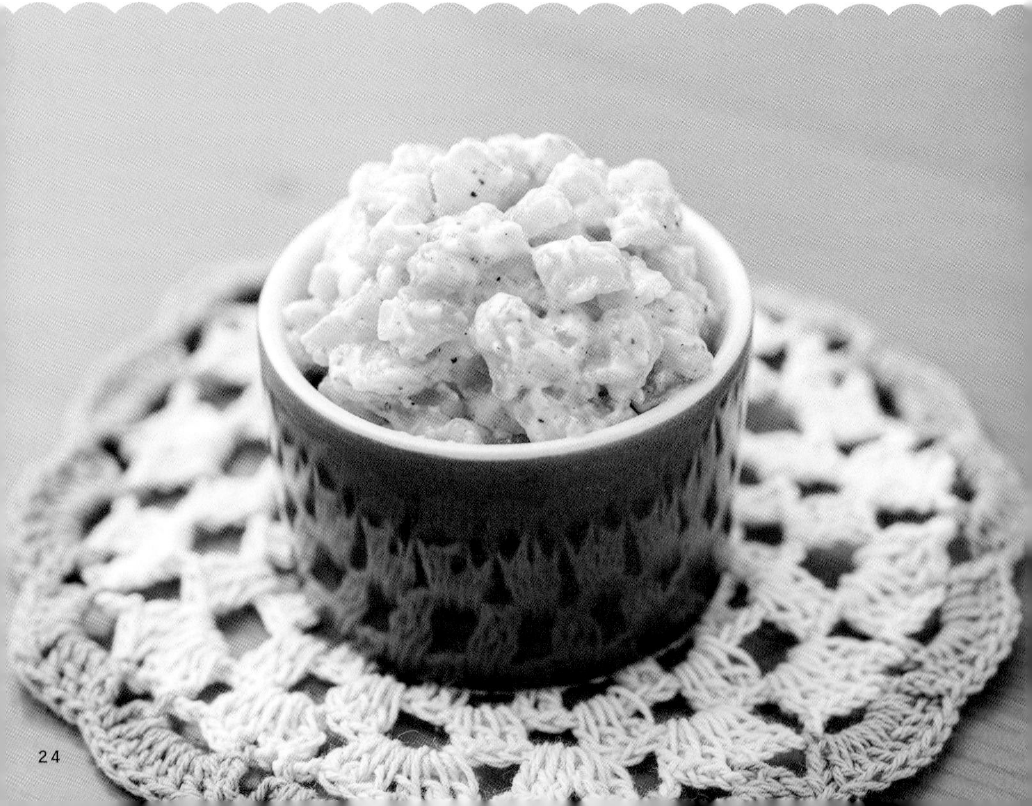

ひき肉で作るリエット風

お肉のうまみと野菜のうまみが合わさってパンも喜ぶ

バゲット
全粒粉の食パン
ライ麦パン

【材料】作りやすい分量（約150g）

スライスベーコン…1/2枚
玉ねぎ…1/8個（約40g）
セロリ（茎の部分のみ）…1/8本（約15g）
ブラウンマッシュルーム…2個
にんにく…1/2片
豚ひき肉…100g
塩…小さじ1/4
粗びき黒こしょう…少々
白ワイン…大さじ1
タイム…少々

【作り方】

1. ベーコン、玉ねぎ、セロリ、マッシュルーム、にんにくは粗みじん切りにする。
2. フライパンを中火で熱し、ひき肉、ベーコン、塩、黒こしょうを入れて火が通るまで炒めたら、玉ねぎ、セロリ、マッシュルーム、にんにくを加えて炒め、白ワインを入れて水分がなくなるまでさらに炒めて火を止める。
3. 粗熱が取れたら、フードプロセッサーに入れ、なめらかになるまで攪拌（かくはん）したら器に盛り、タイムをのせてできあがり。

冷蔵3日

塩鮭のブランタード

南フランスの郷土料理を塩鮭でアレンジ♪

バゲット
全粒粉の食パン
ライ麦パン

【材料】作りやすい分量（約200g）

塩鮭（中辛塩）
…1切れ（焼いて皮と骨を取り除いた50gを使用）
じゃがいも…中1個（約100g）
長ねぎ…1/8本（約15g）
バター…10g
生クリーム…50mℓ
粗びき黒こしょう…少々

【作り方】

1 鮭はオーブンまたはグリルでこんがりと焼き、皮と骨を取って、身をほぐす。じゃがいもは皮をむいて5mm幅の輪切りにして水にさらし、長ねぎは1cm幅に切る。

2 耐熱の器に水気を切ったじゃがいもと長ねぎをのせ、ラップをかけて、600Wの電子レンジで2分30秒加熱し、粗熱を取る。

3 すべての材料をフードプロセッサーに入れ、なめらかになるまで攪拌してできあがり。

冷蔵2日

フムス

レモンとヨーグルトが効いた爽やかな味

ベーグル
全粒粉の食パン
バゲット

【材料】作りやすい分量（約170g）

ひよこ豆…100g
プレーンヨーグルト…50g
にんにく…1/2片
レモン果汁…1/2個分（約15g）
塩…1つまみ
オリーブオイル…小さじ1
カレー粉…1つまみ（1g）

【作り方】

1 すべての材料をフードプロセッサーに入れ、なめらかになるまで攪拌する。

2 器に盛り、オリーブオイル（分量外）を回しかけて、パプリカパウダー（分量外）を振ってできあがり。

冷蔵2日

ガーリックトマト

にんにくの香りで元気が湧いてくる！

バゲット
全粒粉の食パン
イングリッシュマフィン

【材料】2人分（約130g）

トマト…中1個（約200g）
にんにく…1片
アンチョビ…6g
オリーブオイル…小さじ2
塩…小さじ1/4
パセリみじん切り…少々

【作り方】

1 トマトは湯むきしてざく切りに、にんにくはみじん切りに、アンチョビは細かく切る。

2 フライパンにオリーブオイルを入れて中火で熱し、にんにくとアンチョビを入れ、にんにくの香りが立つまで炒める。

3 トマトと塩を加え、水分が飛び、トロッとするまで煮込んだら器に盛り、パセリを振ってできあがり。

冷蔵2日

POINT

トマトに十字の切り込みを入れてから熱湯につけると、皮がむきやすくなります。

フレッシュトマトのサルサソース

食材の色どりと食感も楽しんで

バゲット
ライ麦パン
全粒粉の食パン

【材料】2人分（約170g）

トマト … 中1個（約200g）
赤玉ねぎ … 1/16個（約20g）
ピーマン … 1/2個（約15g）
にんにく … 1/2片
パセリみじん切り … 2g
ペッパーソース … 小さじ1/2
塩 … 小さじ1/4
粗びき黒こしょう … 少々

【作り方】

1 トマトは横半分に切り、スプーンで種を取り除いたら、1cm角に切る。赤玉ねぎとピーマンは粗みじん切りに、にんにくはみじん切りにする。

2 すべての材料をボウルに入れ、よく混ぜ合わせてできあがり。

冷蔵2日

POINT

トマトの種はスプーンでかたまりごと取り除きましょう。

パプリカのディップ

優しいパプリカの風味が口の中に広がる

バゲット
山型食パン
イングリッシュマフィン

【材料】作りやすい分量(約190g)

パプリカ … 1個(約160g)
はんぺん … 1/2枚(約60g)
クリームチーズ … 30g
塩 … 1つまみ
粗びき黒こしょう … 少々

【作り方】

1. パプリカは縦に半分に切って種を取り、グリルで焦げるまで焼いたら、ポリ袋に入れて冷まし、皮をむく。はんぺんは4等分くらいにちぎる。
2. すべての材料をフードプロセッサーに入れ、なめらかになるまで攪拌したら、器に入れて冷蔵庫で30分冷やしてできあがり。

冷蔵2日

POINT

パプリカはポリ袋に入れて冷ますことで、皮がむきやすくなります。

ブロッコリーのディップ

もりもり野菜が食べられる！

バゲット
山型食パン
イングリッシュマフィン

【材料】作りやすい分量（約240g）

ブロッコリー…1/2株（約140g）
じゃがいも…1/2個（約65g）
生クリーム…50mℓ
顆粒コンソメ…小さじ1/2
塩…1つまみ
粗びき黒こしょう…少々

【作り方】

1 ブロッコリーは小房に分ける。じゃがいもは皮をむいて一口大に切り、水にさらす。

2 耐熱の器にブロッコリーと水気を切ったじゃがいもをのせてラップをかけ、600Wの電子レンジで3分30秒加熱し、冷ます。

3 すべての材料をフードプロセッサーに入れ、なめらかになるまで攪拌したら、器に入れて冷蔵庫で30分冷やしてできあがり。

冷蔵2日

バーニャカウダのディップ風

にんにくのうまみがたっぷり

バゲット
全粒粉の食パン
クロワッサン

【材料】作りやすい分量(約75g)

にんにく…8片
牛乳…100㎖
アンチョビ…10g
ローリエ…1枚
オリーブオイル…50㎖

POINT

牛乳でにんにくを煮込むことによって、くさみを取ることができます。

【作り方】

1 にんにくは2つに切って芯を取り、牛乳と一緒に小鍋に入れて沸騰させ、弱火で10分ほどにんにくが柔らかくなるまで煮る。

2 小鍋からにんにくを取り出し、アンチョビ、ローリエ、オリーブオイルと一緒に別の小鍋に入れ、沸騰させないように注意しながら、弱火で5分ほど煮て火を止める。

3 粗熱が取れたら小鍋からローリエを取り出し、残りをフードプロセッサーに入れ、なめらかになるまで撹拌してできあがり。

冷蔵2日

スプラウトのフレーク

レモンカレーの風味が決め手

バゲット
ナン
全粒粉の食パン

【材料】2人分(約100g)

ブロッコリースプラウト…20g
セロリ(葉も含めて)…1/2本(約60g)
ココナッツファイン…大さじ2
鰹節…2g
カレー粉…小さじ1/4
レモン果汁…小さじ1
塩…小さじ1/4
オリーブオイル…大さじ1

【作り方】

1 ブロッコリースプラウトとセロリはみじん切りにする。

2 すべての材料をボウルに入れ、よく混ぜ合わせてできあがり。

冷蔵2日

茶殻としらすと梅干しのディップ

お茶を飲んだあとは、茶殻がおいしいお友に！

米粉のパン
山型食パン
全粒粉の食パン

【材料】2人分（約170g）

茶殻…30g
梅干し…2個
長いも…1/8本（約100g）
釜揚げしらす…50g

【作り方】

1 茶殻はフライパンで乾煎りして水分を飛ばす（茶葉が大きい場合は5㎜幅に切る）。

2 梅干しは種を取って包丁でたたき、長いもは皮をむいて粗みじん切りにする。

3 すべての材料をよく混ぜ合わせてできあがり。

冷蔵2日

POINT

5gの茶葉が水分を含むと
30gの茶殻になります。

焼きなすのペースト

とろとろのなすとツナがジューシー！

バゲット
全粒粉の食パン
ロールパン

【材料】2人分（約140g）

なす…2本（約180g）
にんにく…1片
バター…20g
ツナ缶（油分を切ったもの）…40g
塩…小さじ1/4
粗びき黒こしょう…少々

【作り方】

1 なすはオーブンまたはグリルで皮が焦げるまで焼き、熱さに注意しながらへたと皮をむいて、フォークなどでつぶす。にんにくはみじん切りにする。

2 フライパンにバターを入れ、弱火〜中火で熱して溶かしたら、にんにくを入れて炒める。なす、ツナ、塩、黒こしょうを加え、水分がなくなるまで炒めたらできあがり。

冷蔵2日

POINT

なすはフォークなどで
細かくつぶしましょう。

新玉ねぎのタルタルペースト

みずみずしい新玉ねぎでおいしさアップ！

イングリッシュマフィン
バゲット
ロールパン

【材料】2人分（約140g）

新玉ねぎ…1/8個（約40g）
ゆで卵…1個
マヨネーズ…大さじ4
ディジョンマスタード…大さじ1
粗びき黒こしょう…少々

【作り方】

1 新玉ねぎはみじん切りにする。

2 ボウルにゆで卵を入れ、フォークなどでつぶし、新玉ねぎ、マヨネーズ、ディジョンマスタード、黒こしょうとよく混ぜ合わせてできあがり。

当日中

3種のチーズとナッツのペースト

ナッツの歯ごたえとなめらかなチーズが織りなすハーモニー

バゲット
ベーグル
イングリッシュマフィン

【材料】作りやすい分量（約150g）

ローストミックスナッツ…50g
クリームチーズ（室温に戻す）…50g
カマンベールチーズ…50g
パルメザンチーズ（粉）…大さじ1
オレンジママレード…小さじ1
牛乳…大さじ1

【作り方】

1 ミックスナッツは食べやすい大きさに刻む。

2 ボウルにクリームチーズを入れて、ゴムべらで柔らかくなるまで練ったら、カマンベールチーズ、パルメザンチーズを加えて混ぜる。

3 ミックスナッツ、オレンジママレード、牛乳を加えてなめらかになるまで混ぜ合わせてできあがり。

冷蔵3日

POINT

クリームチーズはゴムべらでよく練りましょう。

いり卵のタルタルソース

卵はゆでないから調理もラクに♪

ロールパン
角食パン
山型食パン

【材料】2人分（約170g）

卵…2個
塩…小さじ1/4
粗びき黒こしょう…少々
玉ねぎ…1/8個（約40g）
きゅうり…1/4本（約30g）
サラダ油…小さじ2
マヨネーズ…大さじ3

【作り方】

1 卵は割りほぐし、塩、黒こしょうで下味をつける。玉ねぎときゅうりは粗みじん切りにする。

2 フライパンにサラダ油を入れて中火で熱し、玉ねぎときゅうりを加えて軽く炒めたら、端に寄せ、卵を加えていり卵にする。

3 ボウルに取って粗熱が取れたら、マヨネーズを加えてよく混ぜ合わせてできあがり。

当日中

サーモンのタルタル

ゴロゴロとした食材は幸福のかたまり

バゲット
全粒粉の食パン
ライ麦パン

【材料】作りやすい分量(約230g)

サーモン(刺身用)…100g
塩①…小さじ1/4
アボカド…1/4個(約30g)
トマト…中1/4個(約50g)
きゅうり…1/4本(約30g)
赤玉ねぎ…1/8個(約40g)
レモン果汁
…1/4個分(約7.5g)
オリーブオイル…小さじ2
塩②…1つまみ

POINT

サーモンは、冷蔵庫で一晩脱水することで水っぽくならず、うまみが凝縮されます。

【作り方】

1 サーモンは塩①を振り、ラップで包んで一晩冷蔵庫に入れて脱水したら、ペーパーで水気をふき取り、1cm角に切る。

2 アボカド、トマト、きゅうり、赤玉ねぎは1cm角に切り、すべての材料をボウルに入れてよく混ぜ合わせ、お好みでイタリアンパセリ(分量外)をのせてできあがり。

冷蔵2日

ぬるガーリックシュリンプ

プリプリとしたえびの歯ごたえがたまらない

バゲット
山型食パン
全粒粉の食パン

【材料】作りやすい分量（約110g）

むきえび…150g
にんにく…2片
粗びき黒こしょう…少々
オリーブオイル…大さじ1
メープルシロップ…小さじ2
しょうゆ…小さじ2
バター…10g
パセリみじん切り…適宜

【作り方】

1 えびは粗みじん切りにし、にんにくはみじん切りにする。

2 にんにく、黒こしょう、オリーブオイル、メープルシロップ、しょうゆをボウルに入れてよく混ぜたら、えびを入れてさらによく混ぜ合わせる。

3 フライパンにバターを入れて中火で熱し、溶かしたら、2を漬け汁ごと入れる。水分が飛び、香ばしい香りがするまで炒めたら器に盛り、パセリを振ってできあがり。

冷蔵2日

シーフードカクテル風

海の幸の味わいとトマトの酸味でパンも進む

バゲット
山型食パン
全粒粉の食パン

【材料】作りやすい分量（約190g）

シーフードミックス（冷凍）…100g
トマト…中1/4個（約50g）
赤玉ねぎ…1/8個（約40g）
青唐辛子…1/2本〜（お好みで）
にんにく…1/2片
高リコピンケチャップ…40g
塩…小さじ1/4
パセリみじん切り…適宜

【作り方】

1 シーフードミックスは下ゆでして冷ます。

2 トマト、赤玉ねぎ、青唐辛子、にんにくはざく切りにする。

3 2をフードプロセッサーに入れ、やや粒が残るように攪拌してボウルに取り、ケチャップ、塩を混ぜ合わせたら、シーフードミックスと混ぜ合わせる。器に盛り、パセリを振ってできあがり。

冷蔵2日

卵料理にアレンジ

arrange_1 ポテトマサラのオープンオムレツ

【材料】

ポテトマサラ…50g（→作り方p.23）
卵…2個

【作り方】

ポテトマサラと割りほぐした卵をよく混ぜ合わせ、サラダ油（分量外）を引いて中火で熱したフライパンで焼いてできあがり。

arrange_2 ガーリックトマトのスクランブルエッグ

【材料】

ガーリックトマト…60g（→作り方p.28）
卵…2個
塩…1つまみ
粗びき黒こしょう…少々

【作り方】

割りほぐした卵、塩、黒こしょうをよく混ぜ合わせ、バター（分量外）を引いて中火で熱したフライパンでスクランブルエッグにしたら器に盛り、ガーリックトマトを添えてできあがり（お好みのパンと合わせて食べてもOK）。

arrange_3 茶殻としらすと梅干しの卵焼き

【材料】

茶殻としらすと梅干しのディップ…30g（→作り方p.34）
卵…2個

【作り方】

茶殻としらすと梅干しのディップと割りほぐした卵をよく混ぜ合わせ、サラダ油（分量外）を引いて中火で熱した卵焼き鍋で焼いてできあがり。

Part
2

ひとぬりでメインになるパン友レシピ

〜作りながら心はずむ14のレシピ〜

ぬるナポリタン

こんな素敵なものをパンにぬれたら毎日が楽しい！

コッペパン
ロールパン
角食パン

【材料】作りやすい分量（約130g）

玉ねぎ…1/8個（約40g）
ピーマン…1/2個（約15g）
ソーセージ…2本
バター…15g
クリームチーズ…15g
ケチャップ…大さじ2
砂糖…小さじ1
粉チーズ…少々

【作り方】

1 玉ねぎはみじん切りに、ピーマンは粗みじん切りに、ソーセージは5㎜幅に切る。

2 フライパンにバターを入れて中火で熱し、溶かしたら、玉ねぎを入れて炒め、さらにピーマン、ソーセージ、クリームチーズを加えて炒める。

3 クリームチーズが溶けたら、ケチャップ、砂糖を加えてよく混ぜ合わせ、器に盛って粉チーズをかけてできあがり。

冷蔵2日

ぬるグラタン

嫌なことも、このおいしいひとぬりで吹き飛ぶ

バゲット
ベーグル
ロールパン

【材料】作りやすい分量（約200g）

スライスベーコン…1枚
バター…15g
ホールコーン…20g
薄力粉…10g
牛乳…150㎖
パルメザンチーズ…大さじ2
フライドオニオン…大さじ1
塩…1つまみ
粗びき黒こしょう…少々

【作り方】

1 ベーコンはみじん切りにする。

2 鍋にバターを入れて中火で熱し、溶かしたら、ベーコンとホールコーンを入れて炒める。

3 薄力粉を加え、粉気がなくなるまで炒めたら、牛乳を何回かに分けて入れ、その都度混ぜながら炒める。

4 パルメザンチーズ、フライドオニオン、塩、黒こしょうを加えてよく混ぜ、とろみがついたら器に盛り、お好みでタイム（分量外）をのせてできあがり。

冷蔵2日

ぬるオムレツ

とろとろぷるぷるの幸せがパンの上でゆれる

コッペパン
ロールパン
バゲット

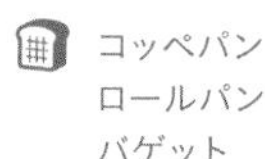

【材料】作りやすい分量(約160g)

トマト…中1/4個(約50g)
片栗粉…小さじ1
卵…2個
塩…1つまみ
粗びき黒こしょう…少々
マヨネーズ…大さじ2
ケチャップ…少々

【作り方】

1 トマトはさいの目に切ってボウルに入れ、片栗粉とよく混ぜ合わせたら、割りほぐした卵、塩、黒こしょうを加えて、さらによく混ぜ合わせる。

2 フライパンにマヨネーズを入れて中火で熱したら、1を入れてスクランブルエッグにする。

3 器に盛り、ケチャップを添えてできあがり。

冷蔵2日

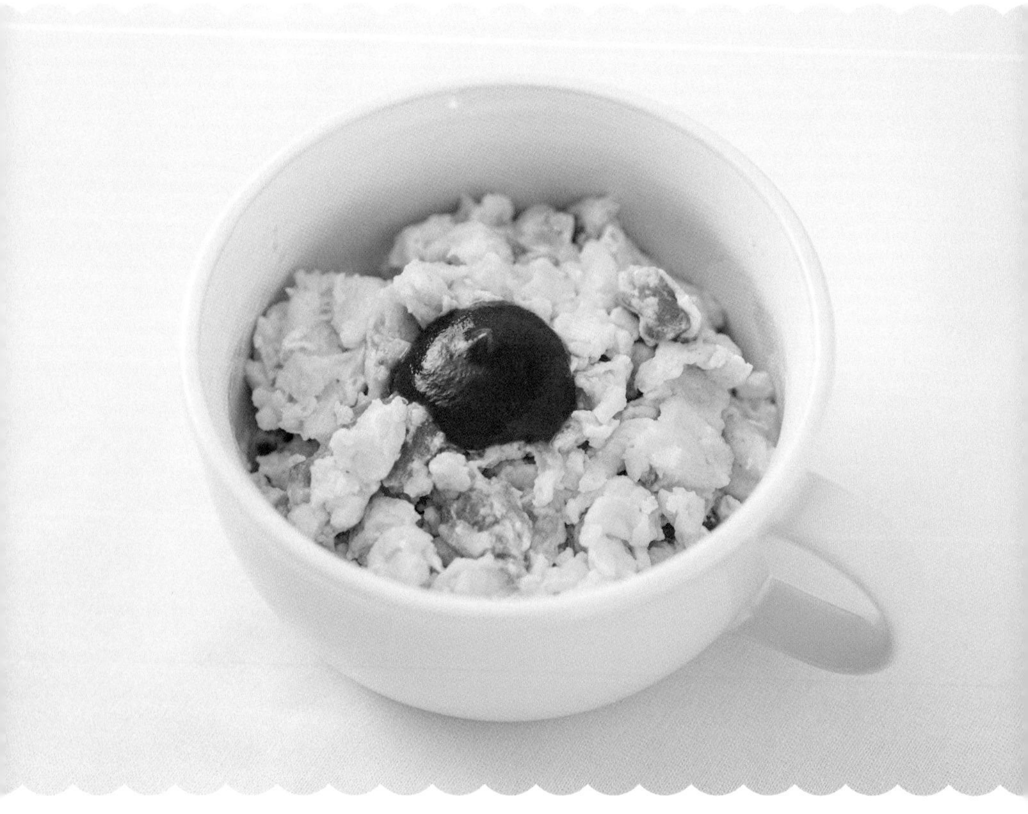

ぬるクラムチャウダー

寒い日にたっぷりぬりたい一品

バゲット
山型食パン
ロールパン

【材料】2人分（約240g）

玉ねぎ…1/8個（約40g）
バター…15g
シーフードミックス（冷凍）…60g
薄力粉…大さじ1
牛乳…130㎖
顆粒コンソメ…小さじ1/2
粗びき黒こしょう…少々

【作り方】

1 玉ねぎはみじん切りにする。

2 小鍋にバターを入れて中火で熱し、溶かしたら、玉ねぎとシーフードミックスを入れて炒める。

3 薄力粉を入れて、粉気がなくなるまで混ぜたら、牛乳を少しずつ加え、その都度混ぜる。

4 顆粒コンソメ、黒こしょうを加えてよく混ぜ、とろみがついたらできあがり。

冷蔵2日

ぬるコーンポタージュ

シャキシャキのコーンから染み出る幸福のエキス

角食パン
イングリッシュマフィン
バゲット

【材料】作りやすい分量(約110g)

ホールコーン…100g
バター…15g
薄力粉…5g
塩…小さじ1/4
粗びき黒こしょう…少々
顆粒コンソメ…小さじ1

【作り方】

1 すべての材料をフードプロセッサーに入れ、なめらかになるまで攪拌する。

2 1をフライパンに入れて中火で熱し、ふつふつと沸いて、とろみがついたらできあがり。

冷蔵2日

ぬるシェパードパイ

ちょっといい日のごちそうに！

山型食パン
バゲット
イングリッシュマフィン

【材料】2人分（約220g）

●ミートソース

玉ねぎ … 1/8個（約40g）
にんにく … 1/4片
ブラウンマッシュルーム … 1個
バター … 5g
合いびき肉 … 150g
塩 … 小さじ1/4弱
粗びき黒こしょう … 少々
白ワイン … 大さじ2

●マッシュポテト風

ポテトチップ（塩味）… 40g
牛乳 … 80mℓ
粉チーズ … 小さじ2

パセリみじん切り … 少々

【作り方】

1 玉ねぎ、にんにく、マッシュルームはみじん切りにする。

2 フライパンにバターとにんにくを入れて中火で熱し、香りが立ったら、かたまりのままひき肉を入れ、焼き色がつくまでは崩さずに両面を焼き付ける。

3 ひき肉を崩したら、玉ねぎ、マッシュルームを入れて炒め合わせ、塩、黒こしょう、白ワインを入れて、水分が飛ぶまで炒め、器に盛る。

4 ポテトチップを細かく砕いて耐熱の器に入れ、牛乳とよく混ぜ合わせたら、ラップをかけて600Wの電子レンジで40秒加熱し、取り出す。粉チーズを加えてさらに混ぜ、3の上にのせてパセリを振ってできあがり。

冷蔵2日

ぬる麻婆餃子

市販の餃子のアレンジで調理もかんたん

コッペパン
ロールパン
全粒粉の食パン

【材料】2人分(約120g)

肉餃子…3個
長ねぎ…1/8本(約15g)
ラー油…小さじ1
合わせ味噌…小さじ2
豆乳…大さじ2
糸唐辛子…適宜

【作り方】

1 餃子は2㎝幅に切り、長ねぎはみじん切りにする。

2 ラー油、味噌、豆乳はよく混ぜ合わせる。

3 フライパンを中火で熱し、餃子と長ねぎを入れて軽く炒めたら、2を加えて炒め合わせ、器に盛って糸唐辛子をのせてできあがり。

冷蔵2日

お好み焼き

生地を焼く手間が省ける

角食パン
米粉のパン
全粒粉の食パン

【材料】2人分(約110g)

キャベツ…1枚(約50g)
スライスベーコン…1枚
紅しょうが…少々
サラダ油…小さじ2
薄力粉…大さじ1
水…50㎖
お好みソース…大さじ1と1/2
青のり…小さじ1/2
鰹節…大さじ1

【作り方】

1 キャベツは粗みじん切りに、ベーコンと紅しょうがは1㎝幅に切る。

2 フライパンにサラダ油を入れて中火で熱し、キャベツとベーコンを入れて炒めたら、薄力粉を加えて粉気がなくなるまで混ぜる。

3 水とソースを加えてよく混ぜ、とろみがついたら器に盛り、紅しょうが、青のり、鰹節をのせてできあがり。

冷蔵2日

キッシュ風

こんな朝食なら早起きも楽しみ

山型食パン
バゲット
イングリッシュマフィン

【材料】2人分（約120g）

ほうれん草…1株（約30g）
スライスベーコン…1枚
卵…1個
牛乳…20mℓ
生クリーム…30mℓ
パルメザンチーズ…大さじ1
塩…1つまみ
粗びき黒こしょう…少々

【作り方】

1 ほうれん草は下ゆでして1cm幅に切る。ベーコンは1cm幅に切ってフライパンで軽く炒めて取り出す。

2 ボウルに卵、牛乳、生クリーム、パルメザンチーズ、塩、黒こしょうを入れてよく混ぜ合わせ、1とあわせてフライパンに入れる。弱火にかけて、とろみがつくまで混ぜ合わせたら（ゆるめのいり卵くらいになる）できあがり。

冷蔵2日

オランデーズソース

黄金色に輝くソースでパンが魔法にかかる

イングリッシュマフィン
角食パン
デニッシュ食パン

【材料】作りやすい分量（約90g）

卵黄…2個
白ワイン…大さじ1
レモン果汁…小さじ1
砂糖…1つまみ（0.6g）
バター…60g
塩…1つまみ
粗びき黒こしょう…少々

【作り方】

1 卵黄、白ワイン、レモン果汁、砂糖をボウルに入れてよく混ぜる。

2 バターは1cm角に切る。

3 1をよく混ぜながら沸騰させないように60℃くらいの湯煎にかけ、とろっとしてきたらバターを加えてさらに混ぜる。

4 塩、黒こしょうで味をととのえてできあがり。

冷蔵2日

※アルコールに弱い方、お子様はお召し上がりにならないでください。

タコスミート

スパイシーなお肉がパンの上でおどる

バゲット
米粉のパン
角食パン

【材料】2人分（約190g）

トマト…中1個（約200g）
長ねぎ…1/4本（約30g）
にんにく…1/2片
サラダ油…小さじ2
クミンシード…小さじ1/2
コリアンダーパウダー…小さじ1/2
チリペッパー…小さじ1/4
合いびき肉…100g
塩…小さじ1/4
粗びき黒こしょう…少々
ケチャップ…小さじ2

【作り方】

1. トマトは1cm角に切り、長ねぎ、にんにくはみじん切りにする。
2. フライパンにサラダ油、長ねぎ、にんにく、クミンシード、コリアンダーパウダー、チリペッパーを入れて香りが立つまで中火で炒める。
3. ひき肉、塩、黒こしょうを加え、ひき肉をほぐしながら炒めたら、トマトとケチャップを入れて炒め合わせてできあがり。

冷蔵2日

ビーフケチャップ

パイナップルの風味がフルーティー

コッペパン
山型食パン
クロワッサン

【材料】2人分(約200g)

牛肉切り落とし…80g
塩…1つまみ
粗びき黒こしょう…少々
薄力粉…小さじ2
玉ねぎ1/8個(約40g)
ブラウンマッシュルーム…2個
トマト…中1/4個(約50g)
パイナップル…80g
サラダ油…小さじ1
ケチャップ…小さじ2
ウスターソース…小さじ2
水…大さじ2

【作り方】

1 牛肉に塩、黒こしょうで下味をつけ、薄力粉をまぶす。

2 玉ねぎ、マッシュルームは薄切りに、トマト、パイナップルは1㎝角に切る。

3 フライパンにサラダ油を引いて中火で熱し、牛肉を入れてほぐしながら炒める。

4 2を加え、しんなりするまで炒める。

5 ケチャップ、ウスターソース、水を加え、混ぜながら弱火で3分ほど煮て、とろみがついたらできあがり。

冷蔵2日

ひき肉のドライカレー

今日はこれを食べるために早く帰ろう

ナン
角食パン
バゲット

【材料】2人分（約250g）

- じゃがいも…1個（約130g）
- 玉ねぎ…1/8個（約40g）
- しょうが…1片
- にんにく…1/2片
- アーモンドスライス…小さじ2
- オリーブオイル…大さじ1/2
- カレー粉…小さじ1と1/2
- 合いびき肉…100g
- ケチャップ…大さじ2
- 水…大さじ1
- 塩…小さじ1/4
- ウスターソース…小さじ1

【作り方】

1 じゃがいもは皮をむいてみじん切りに、玉ねぎ、しょうが、にんにくもみじん切りにし、アーモンドスライスは乾煎りする。

2 鍋にオリーブオイル、じゃがいも、玉ねぎ、しょうが、にんにく、カレー粉を入れて中火で熱し、香りが立つまで炒めたら、ひき肉を加えてさらに炒める。

3 ケチャップ、水、塩、ウスターソースを加えてよく混ぜ、中火にかけてとろみがついたら器に盛り、アーモンドスライスをのせてできあがり。

冷蔵2日

鯖缶のドライカレー風

缶詰レシピのレパートリーが増えてうれしい

ナン
角食パン
バゲット

【材料】2人分(約200g)

玉ねぎ…1/4個(約80g)
パン粉…小さじ2
マヨネーズ…大さじ2
鯖缶(水煮、水気を切ったもの)…1缶(約120g)
カレー粉…小さじ2
ウスターソース…小さじ2
パセリみじん切り…少々

【作り方】

1 玉ねぎはみじん切りに、パン粉は乾煎りする。

2 フライパンにマヨネーズを入れて中火で熱し、溶かしたら、玉ねぎを入れて炒める。

3 鯖缶、カレー粉、ウスターソースを加え、鯖の身をほぐしながら炒めたら、器に盛ってパン粉とパセリをトッピングしてできあがり。

冷蔵2日

スープにアレンジ

かんたん！
アレンジ
レシピ❷

arrange_1 クラムチャウダー

【材料】1人分

ぬるクラムチャウダー…70g（→作り方p.47）
牛乳…80㎖
塩、粗びき黒こしょう…各適宜
パセリみじん切り…少々

【作り方】

鍋にぬるクラムチャウダーと牛乳を入れてよく混ぜ、中火で熱して温めたら、塩、黒こしょうで味をととのえて器に入れ、パセリを振ってできあがり。

arrange_2 コーンスープ

【材料】1人分

ぬるコーンポタージュ…50g（→作り方p.48）
牛乳…80㎖
塩、粗びき黒こしょう…各適宜
パセリみじん切り…少々

【作り方】

鍋にぬるコーンポタージュと牛乳を入れてよく混ぜ、中火で熱して温めたら、塩、黒こしょうで味をととのえて器に入れ、パセリを振ってできあがり。

arrange_3 中華風スープ

【材料】1人分

ぬる麻婆餃子…60g（→作り方p.50）
豆乳…80㎖
塩、粗びき黒こしょう…各適宜
ラー油…少々

【作り方】

鍋にぬる麻婆餃子と豆乳を入れてよく混ぜ、中火で熱して温めたら、塩、黒こしょうで味をととのえて器に盛り、ラー油をかけてできあがり。

Part 3

ひとぬりでおつまみになるパン友レシピ

～ちょっといい時間を過ごせる18のレシピ～

じゃこナッツオイル

いつもよりちょっと飲みたくなる

バゲット
クロワッサン
米粉のパン

【材料】2人分（約110g）

しょうが…1/2片
ローストアーモンド…25g
※生アーモンドをフライパンで
香ばしくなるまで乾煎りしてもOK
青ねぎ…2本
ちりめんじゃこ…30g
しょうゆ…小さじ2
オリーブオイル…大さじ4

【作り方】

1 しょうがは粗みじん切りにし、アーモンドは粗く刻み、青ねぎは小口切りにする。

2 小鍋にちりめんじゃこ、しょうが、アーモンド、しょうゆを入れてよく混ぜる。

3 オリーブオイルを入れて中火で熱し、煮立たせたら火を止めて器に盛り、青ねぎを散らしてできあがり。

冷蔵3日

オイスターオイル

カキの風味が染み込んだオイルが贅沢な一皿

バゲット
角食パン
クロワッサン

【材料】2人分(約250g)

カキ(加熱用)…10粒
にんにく…1片
塩…小さじ1/2
レモン果汁…1/2個分(約15g)
赤唐辛子…1本
ローリエ…1枚
オリーブオイル…80mℓ

【作り方】

1 カキは軽く洗って水気を切り、にんにくは包丁でつぶす。

2 小鍋にカキを入れ、塩とレモン果汁で下味をつける。

3 小鍋に残りの材料をすべて入れて弱火にかけ、軽く沸いた状態で10分煮てできあがり。

冷蔵2日

POINT

にんにくは包丁の腹の部分を使い、すべらないように注意しながらつぶしましょう。

タプナード

オリーブのうまみがぎっしり！

バゲット
山型食パン
クロワッサン

【材料】作りやすい分量（約180g）

ブラックオリーブ（塩漬け種なし）…100g
にんにく…1片
ケイパー…20g
アンチョビ…25g
タイム（ドライホールタイプ）…小さじ1/2
粗びき黒こしょう…少々
オリーブオイル…大さじ3

【作り方】

すべての材料をフードプロセッサーに入れ、なめらかになるまで攪拌してできあがり。

冷蔵7日

きのこのペースト

3種のきのこのおいしさの協演

バゲット
山型食パン
全粒粉の食パン

【材料】2人分(約100g)

ブラウンマッシュルーム…3個(約40g)
しいたけ…2枚(約40g)
しめじ…1/2パック(約40g)
にんにく…1/2片
オリーブオイル…大さじ1と1/2
エルブドプロヴァンス…小さじ1
塩…1つまみ
粗びき黒こしょう…少々

POINT

エルブドプロヴァンスは、南フランスでよく使われているミックスハーブです。

【作り方】

1 マッシュルーム、しいたけ、しめじ、にんにくはみじん切りにする。

2 フライパンにオリーブオイルとにんにくを入れて中火で熱し、香りが立つまで炒める。マッシュルーム、しいたけ、しめじ、エルブドプロヴァンスを加え、水分が飛んでパラッとするまで炒めたら、塩、黒こしょうで味をととのえてできあがり。

冷蔵2日

アンショワイヤード

アンチョビのうまみが舌に染み渡る

バゲット
クロワッサン
全粒粉の食パン

【材料】作りやすい分量（約90g）

アンチョビ…50g
にんにく…1片
オリーブオイル…大さじ3
白ワインビネガー…小さじ1
粗びき黒こしょう…少々

【作り方】

すべての材料をフードプロセッサーに入れ、なめらかになるまで撹拌してできあがり。

冷蔵7日

生ハムとレッドオニオンとカマンベールチーズ

ベーグル
クロワッサン
全粒粉の食パン

赤玉ねぎの酸味がいい感じ♪

【材料】作りやすい分量(約170g)

生ハム…5枚(30g)
カマンベールチーズ
…1ホール(約100g)
粗びき黒こしょう…少々
赤玉ねぎ…1/8個(約40g)

【作り方】

フードプロセッサーに生ハム、カマンベールチーズ、黒こしょうを入れ、なめらかになるまで攪拌したら、赤玉ねぎを加え、やや形が残るように攪拌してできあがり。

冷蔵3日

ドライトマトとクリームチーズ

おもてなし料理でも作りたい一品

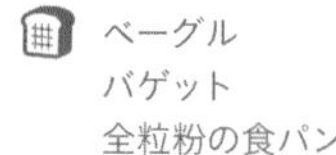

ベーグル
バゲット
全粒粉の食パン

【材料】作りやすい分量（約125g）

ドライトマト…10g
クリームチーズ…100g
ブラックオリーブ（塩漬け種なし）…15g

【作り方】

1 ドライトマトはかぶるくらいの熱湯（分量外）で10分戻し、水気を切って冷ます。

2 すべての材料をフードプロセッサーに入れ、ドライトマトとオリーブの形が少し残るように攪拌してできあがり。

冷蔵2日

オニオンチップとクリームチーズ

オニオンチップの香ばしさとレーズンの甘味のいい関係

ベーグル
バゲット
ライ麦パン

【材料】作りやすい分量（約155g）

オニオンチップ…30g
クリームチーズ…100g
レーズン…20g
パセリ…5g
塩…小さじ1/4

【作り方】

すべての材料をフードプロセッサーに入れ、レーズンの形が少し残るように攪拌してできあがり。

冷蔵2日

たくあんとクリームチーズ

たくあんの歯ごたえとなめらかなチーズが相性抜群

ベーグル
バゲット
米粉のパン

【材料】作りやすい分量(約155g)

たくあん…40g
クリームチーズ…100g
ポテトチップ(塩味)…15g
粗びき黒こしょう…少々

【作り方】

すべての材料をフードプロセッサーに入れ、たくあんとポテトチップの形が少し残るように攪拌してできあがり。

冷蔵2日

にらとツナ

シャキシャキのにらとジューシーなツナが絡む

バゲット
米粉のパン
角食パン

【材料】2人分(約90g)

にら…1/3束(約25g)
鰹節…大さじ1
赤じそふりかけ…小さじ1
白煎りごま…小さじ1
ツナ缶(オイルごと使用)
…1缶(約70g)

【作り方】

1 にらは1cm幅に切ってボウルに入れ、鰹節、赤じそふりかけ、白煎りごまとよく混ぜ合わせる。

2 フライパンにツナをオイルごと入れて、ふつふつするまで温めたら、1にかけ、よく混ぜ合わせてできあがり。

冷蔵2日

塩鯖のリエット風

今日はいつもよりちょっといいお酒を

バゲット
全粒粉の食パン
イングリッシュマフィン

【材料】作りやすい分量（約120g）

塩鯖…1/2尾（焼いて皮と骨を取り除いた100gを使用）
にんにく…1片
ケイパー…大さじ1
白ワインビネガー…大さじ1
オリーブオイル…大さじ2
塩…小さじ1/4〜（鯖の塩加減によって変えてください）

【作り方】

1 塩鯖はグリルで焼き、皮と骨を取って身を軽くほぐす。

2 すべての材料をフードプロセッサーに入れ、なめらかになるまで攪拌してできあがり。

冷蔵2日

パクチー焼き豚

ひとさじすくえばエスニック気分

角食パン
ナン
全粒粉の食パン

【材料】2人分（約150g）

焼き豚…50g
パクチー…1株（約50g）
長ねぎ…1/4本（約30g）
レモン果汁…1/4個分（約7.5g）
ナンプラー…小さじ2
プレーンヨーグルト…大さじ1
砂糖…小さじ1/2
ラー油…小さじ1

【作り方】

1 焼き豚は7㎜幅に、パクチーは1㎝幅に切り、長ねぎは斜めに薄切りにする。

2 ボウルにレモン果汁、ナンプラー、ヨーグルト、砂糖、ラー油を入れてよく混ぜたら、1を加えてよく混ぜてできあがり。

冷蔵2日

のりと明太子のディップ

柔らかいのりのお布団をパンの上に敷いて

米粉のパン
バゲット
全粒粉の食パン

【材料】2人分(約130g)

焼きのり…3枚(約10g)
明太子…1/2腹(約40g)
水…100mℓ
しょうゆ…小さじ1
ごま油…小さじ2

【作り方】

1 焼きのりは鍋に入る大きさにちぎり、明太子は薄皮を取る。

2 フッ素樹脂加工の鍋に焼きのりと水を入れて、10分ほどおいてふやかす。

3 2の鍋を中火で熱して混ぜ、もったりとしてきたら、明太子、しょうゆ、ごま油を入れ、さらに1、2分煮詰めてできあがり。

冷蔵2日

塩辛と酒粕

一度食べたらクセになる！ 食材の運命の出会い

バゲット
米粉のパン
全粒粉の食パン

【材料】2人分（約120g）

塩辛…30g
ローストアーモンド…20g
※生アーモンドをフライパンで
香ばしくなるまで乾煎りしてもOK
酒粕…50g
メープルシロップ…小さじ2
オリーブオイル…小さじ2

【作り方】

1 塩辛とアーモンドは軽く刻む。

2 すべての材料をボウルに入れ、よく混ぜ合わせてできあがり。

冷蔵3日

ジェノベーゼソース

バジルの爽やかな風味に包まれる

バゲット
クロワッサン
全粒粉の食パン

【材料】作りやすい分量(約120g)

フレッシュバジル…20g
にんにく…1片
アンチョビ…10g
くるみ(乾煎りしたもの)…15g
パルメザンチーズ…小さじ1
オリーブオイル…70㎖

【作り方】

すべての材料をフードプロセッサーに入れ、なめらかになるまで攪拌してできあがり。

冷蔵7日

サーモンハーブバター

パンにのせればたちまちオシャレ上級者

バゲット
ベーグル
角食パン

【材料】作りやすい分量(約60g)

バター…50g
鮭フレーク…10g
フレッシュハーブ(タイム、セージ、パセリなど)
…合わせて2g

【作り方】

1 すべての材料をフードプロセッサーに入れ、なめらかになるまで攪拌したら、ラップで包み、棒状に整えて冷蔵庫で30分冷やし固める。

2 固まったらラップを取り、輪切りにしてできあがり。

冷蔵2日

コンビーフバター

濃厚な味わいが舌の上を占拠する

バゲット
ベーグル
角食パン

【材料】2人分（約100g）

コンビーフ…40g
バター（室温に戻す）…40g
フライドオニオン…20g
塩…小さじ1/4
粗びき黒こしょう…小さじ1/4

【作り方】

すべての材料をボウルに入れ、よく混ぜ合わせてできあがり。

冷蔵3日

ピスタチオクリーム

甘さ控えめで、ローストピスタチオの香ばしさがより引き立つ

バゲット
ベーグル
全粒粉の食パン

【材料】作りやすい分量（約130g）

ローストピスタチオ…50g
バター…20g
砂糖…10g
スキムミルク…20g
オリーブオイル…大さじ2

【作り方】

すべての材料をフードプロセッサーに入れ、ピスタチオの粒が少し残る程度に攪拌してできあがり。

冷蔵7日

麺ソースにアレンジ

かんたん!
アレンジ
レシピ❸

arrange_1 きのこのペンネ

【材料】1人分

きのこのペースト … 50g(→作り方p.63)
ペンネ … 50g
オリーブオイル … 適宜
パセリのみじん切り … 少々

【作り方】

ペンネは表示の通りにゆで、きのこのペーストと混ぜ合わせたら器に盛り、オリーブオイルをかけてパセリを振ってできあがり。

arrange_2 にらとツナの混ぜそば

【材料】1人分

にらとツナ … 40g(→作り方p.69)
中華麺 … 1玉
ごま油 … 小さじ2
ラー油 … 適宜
糸唐辛子 … 適宜

【作り方】

中華麺は表示の通りにゆで、ごま油を和えて器に盛る。にらとツナをのせ、ラー油をかけて糸唐辛子をのせてできあがり(よく混ぜ合わせて食べる)。

arrange_3 ジェノベーゼパスタ

【材料】1人分

ジェノベーゼソース … 30g(→作り方p.74)
スパゲッティ … 80g
クリームチーズ … 30g

【作り方】

スパゲッティは表示の通りにゆで、熱いうちに、ジェノベーゼソース、クリームチーズと混ぜ合わせて器に盛り、粉チーズ(分量外)をかけてできあがり。

Part

4

ひとぬりでデザートになるパン友レシピ

～毎日にときめきをもたらす28のレシピ～

ぬるメロンパン

いつものパンがひとぬりで大変身！

山型食パン
生食パン
角食パン

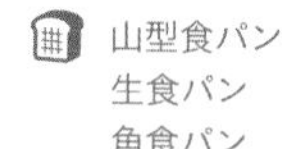

【材料】2人分（約140g）

クリームチーズ（室温に戻す）…60g
グラニュー糖…40g
薄力粉…20g
牛乳…小さじ2
トッピング用グラニュー糖…20g

POINT

アルミホイルにのせて焼かないと、裏面が焦げやすいので注意しましょう。

【作り方】

1 ボウルにクリームチーズを入れ、ゴムべらで柔らかくなるまで練ったら、グラニュー糖、薄力粉、牛乳を加えてよく混ぜる。

2 1をパンにぬり、トッピング用のグラニュー糖をのせ、包丁の背で筋目をつけたら、アルミホイルにのせて、オーブントースターで4～5分軽く焦げ目がつくまで焼いてできあがり。

冷蔵2日

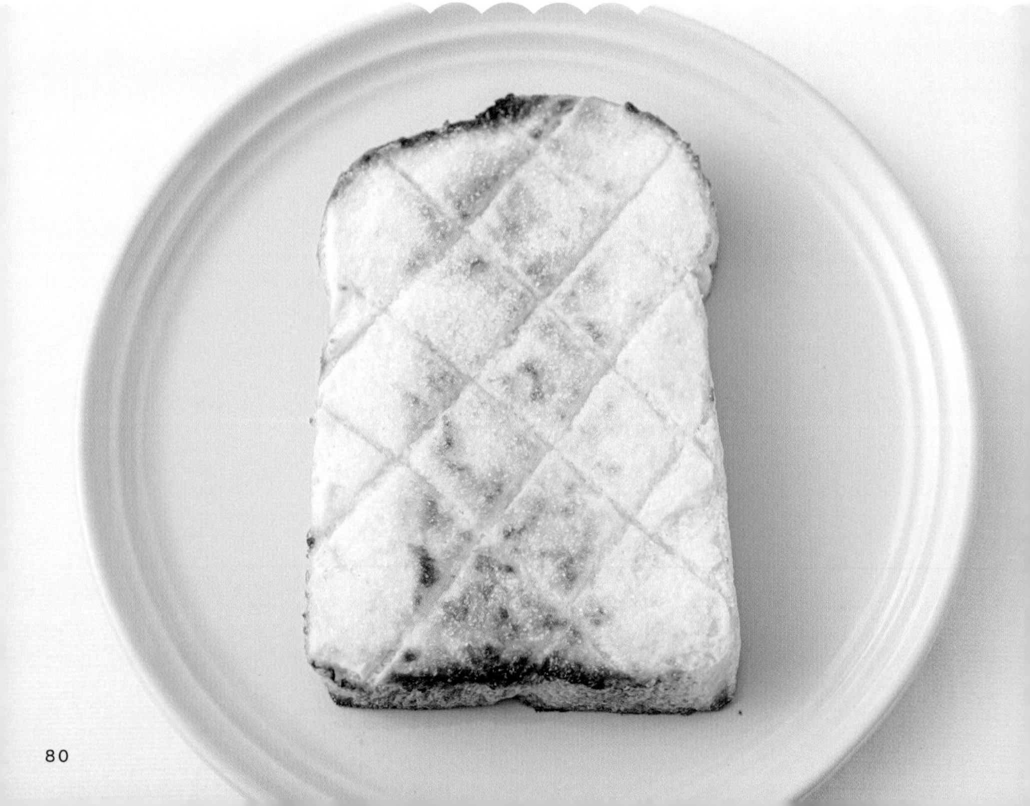

ぬるプリン

頑張ったご褒美に作ろう

角食パン
デニッシュ食パン
バゲット

【材料】2人分（約130g）

●プリンペースト

卵…1個
牛乳…40mℓ
砂糖…50g
バニラオイル…2滴

●カラメル

グラニュー糖…15g
水①…小さじ1
水②…小さじ2

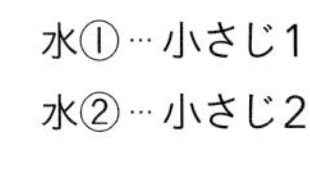

POINT

カラメルは、煙が出てこのくらいの色になったら火を止めましょう。

【作り方】

1 ボウルに卵を割りほぐし、牛乳、砂糖、バニラオイルを加えてよく混ぜる。

2 1を濾しながら小鍋に入れ、混ぜながら弱火にかけ、軽く沸いてとろみがついたら、器に入れる。

3 小鍋にグラニュー糖、水①を加えて弱火～中火にかけ、煙が出て色が変わったら火を止めて水②を加える。プリンペーストの上にカラメルをかけてできあがり。

冷蔵2日

スイートポテトペースト

つやつやのおいもの優しい甘さでひとやすみ

角食パン
生食パン
ベーグル

【材料】2人分(約150g)

さつまいも…100g
砂糖…30g
バター…20g
牛乳…小さじ2〜
※さつまいもの状態によって、
固い場合は量を増やしてください
黒ごま…適宜

【作り方】

1 さつまいもは皮をむき、1cm角に切る。耐熱の器にのせてラップをかけ、600Wの電子レンジで4分ほど加熱したら、半分はマッシャーなどでつぶし、もう半分はそのままにする。

2 小鍋に砂糖、バター、牛乳を入れ、よく混ぜて中火で熱し、砂糖とバターを溶かす。弱火にし、1を入れてよく混ぜ、とろみがついたら火を止める。冷ましたら器に盛り、黒ごまを振ってできあがり。

冷蔵2日

パンプキンシナモンペースト

ほくほくのかぼちゃにシナモンが香る

角食パン
生食パン
ベーグル

【材料】2人分（約200g）

かぼちゃ…1/4個（約160g）
砂糖…30g
バター…20g
牛乳…大さじ1
アーモンドプードル…20g
シナモンパウダー
…小さじ1/2〜（お好みで）

【作り方】

1 かぼちゃは種を取って1cm幅に切り、皮をむいたらさらに1cm角に切る。耐熱の器にのせてラップをかけ、600Wの電子レンジで3分ほど加熱したら、半分はマッシャーなどでつぶし、もう半分はそのままにする。

2 小鍋に砂糖、バター、牛乳を入れ、よく混ぜて中火で熱し、砂糖とバターを溶かす。弱火にし、1、アーモンドプードル、シナモンパウダーを加えてよく混ぜ、とろみがついたら火を止めて、冷ましてできあがり。

冷蔵2日

マシュマロと
ホワイトチョコレートとナッツ

生食パン
コッペパン
バゲット

とろけるマシュマロとチョコレートが嫌なことも溶かしてくれる

【材料】2人分（約130g）

マシュマロ…20g
ホワイトチョコレート（板チョコ）
…30g
ローストミックスナッツ…50g
牛乳…40㎖
サラダ油…大さじ1

【作り方】

1 マシュマロ、ホワイトチョコレート、ミックスナッツは細かく刻む。

2 小鍋にマシュマロ、ホワイトチョコレート、牛乳を入れて弱火にかけ、混ぜて溶かしたら、火を止める。ミックスナッツ、サラダ油を入れてよく混ぜ、少し冷ましてとろみがついたらできあがり。

冷蔵3日

ラムレーズンクリーム

ラム酒の味わいに心とろける

生食パン
バゲット
デニッシュ食パン

【 材料 】2人分（約130g）

レーズン … 40g
ラム酒 … 大さじ1
クリームチーズ（室温に戻す）… 70g
砂糖 … 15g

【 作り方 】

1 耐熱の器にレーズンとラム酒を入れてラップをかけ、600Wの電子レンジで1分加熱し冷ます。

2 ボウルにクリームチーズ、砂糖、1を入れてよく混ぜたらできあがり。

冷蔵3日

※アルコールに弱い方や、お子様はお召し上がりにならないでください。

アーモンドクリーム

香ばしさが楽しめるクリーム

生食パン
デニッシュ食パン
バゲット

【材料】2人分(約100g)

クリームチーズ(室温に戻す)…25g
バター(室温に戻す)…20g
砂糖…25g
アーモンドプードル…20g
バニラオイル…数滴(あれば)
サラダ油…大さじ1

【作り方】

ボウルにクリームチーズとバターを入れ、ゴムべらで柔らかくなるまで練ったら、残りの材料をすべて加え、よく混ぜてできあがり。

冷蔵3日

POINT

冷蔵すると固くなるので、
ほぐしてから使用しましょう。

マリトッツォ風クリーム

パンにたっぷりの幸福を詰め込んで

生食パン
デニッシュ食パン
クロワッサン

【材料】2人分（約130g）

オレンジママレード … 10g
※お好みのジャムでもOK
粉ゼラチン … 1.5g
水 … 20g
生クリーム（脂肪分35％）… 100㎖
砂糖 … 5g

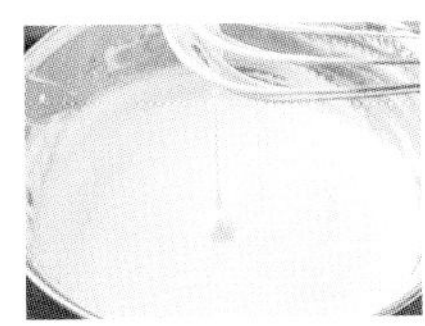

POINT
6分立ての目安です。

【作り方】

1 ママレードは細かく刻む。

2 ゼラチンは水で戻し、耐熱の器に入れてラップをかけ、600Wの電子レンジで15秒ほど加熱して溶かしたら、分量の生クリームから小さじ2を取って、よく混ぜ合わせる。

3 ボウルに生クリームと砂糖とママレードを入れて、ホイッパーで6分に立てたら、2を加えてよく混ぜ、器に入れて冷蔵庫で30分ほど冷やし固めてできあがり。

冷蔵2日

黒蜜きな粉クリーム

一口食べればほっこりした気持ちになれる

ベーグル
デニッシュ食パン
米粉のパン

【材料】2人分（約110g）

クリームチーズ（室温に戻す）…30g
バター（室温に戻す）…20g
黒蜜…25g
きな粉…20g
サラダ油…大さじ1

【作り方】

ボウルにクリームチーズとバターを入れ、ゴムべらで柔らかくなるまで練り、よく混ぜ合わせたら、残りの材料をすべて加え、なめらかになるまでよく混ぜてできあがり。

冷蔵3日

POINT

冷蔵すると固くなるので、
ほぐしてから使用しましょう。

抹茶チョコレート

ほろ苦い抹茶の風味は大人の味

生食パン
コッペパン
バゲット

【材料】2人分（約100g）

マシュマロ…20g
ホワイトチョコレート（板チョコ）…40g
牛乳…50㎖
抹茶パウダー…5g

【作り方】

1 マシュマロとホワイトチョコレートは細かく刻む。

2 すべての材料を小鍋に入れて弱火で熱し、ゴムべらでよく混ぜて溶かす。

3 材料が溶けたら火からおろし、器に入れて冷蔵庫で30分冷やし固めてできあがり。

冷蔵3日

クッキークリーム

ザクザククッキーとクリームの組み合わせにハズレなし！

ベーグル
バゲット
生食パン

【材料】作りやすい分量（約160g）

バター…40g
クリームチーズ…40g
プレーンヨーグルト…20g
砂糖…30g
ブラックココアクッキー
（クリームも含めて）…4枚

【作り方】

バター、クリームチーズ、ヨーグルト、砂糖をフードプロセッサーに入れ、なめらかになるまで攪拌したら、クッキーを入れて形が少し残るくらいに攪拌してできあがり。

冷蔵3日

チョコスプレッド

なめらかなチョコレートの口溶けを楽しんで

生食パン
デニッシュ食パン
バゲット

【材料】2人分（約110g）

ミルクチョコレート（板チョコ）
…1枚（50g）
バター…15g
砂糖…8g
生クリーム…70mℓ
サラダ油…大さじ1

POINT

冷蔵すると固くなるので、ほぐしてから使用しましょう。

【作り方】

1 ミルクチョコレートは細かく刻む。

2 すべての材料を鍋に入れて弱火～中火にかけ、沸騰させないようにゴムべらで混ぜてなめらかになるまで溶かしたら、火を止める。少し冷まして固くなったらできあがり。

冷蔵3日

カフェオレクリーム

香ばしいコーヒーの風味で気分もシャキッと！

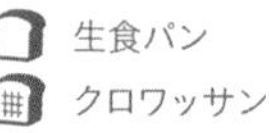

生食パン
クロワッサン
デニッシュ食パン

【材料】2人分（約90g）

インスタントコーヒー … 3g
熱湯 … 小さじ1
バター（室温に戻す）… 40g
砂糖 … 25g
サラダ油 … 大さじ1
スキムミルク … 15g

【作り方】

1 インスタントコーヒーは熱湯で溶かす。

2 ボウルにバターを入れてゴムべらでほぐしたら、砂糖、サラダ油の順に加え、その都度よく混ぜる。

3 1とスキムミルクを加え、よく混ぜてできあがり。

冷蔵3日

ミルクバタークリーム

濃〜いミルクとバターのとろける味わい

生食パン
デニッシュ食パン
バゲット

【材料】作りやすい分量（約120g）

バター（室温に戻す）…50g
グラニュー糖…10g
はちみつ…30g
スキムミルク…15g
サラダ油…大さじ1

【作り方】

ボウルにバターを入れ、ゴムべらで柔らかくなるまで練ったら、残りの材料をすべて入れ、よく混ぜてできあがり。

冷蔵3日

POINT

冷蔵すると固くなるので、
ほぐしてから使用しましょう。

ブルーベリータルト風クリーム

紅茶も入れて、のんびりしよう

バゲット
ベーグル
生食パン

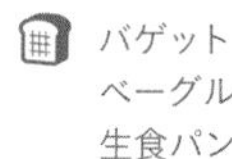

【材料】作りやすい分量（約135g）

ドライブルーベリー…20g
クリームチーズ…50g
バナナ…25g
砂糖…25g
ビスケット…3枚

【作り方】

1 ドライブルーベリーはかぶるくらいの熱湯（分量外）で10分戻し、水気を切って冷ます。

2 フードプロセッサーにクリームチーズ、バナナ、砂糖を入れてなめらかになるまで攪拌したら、ドライブルーベリー、ビスケットを入れて軽く攪拌してできあがり。

冷蔵3日

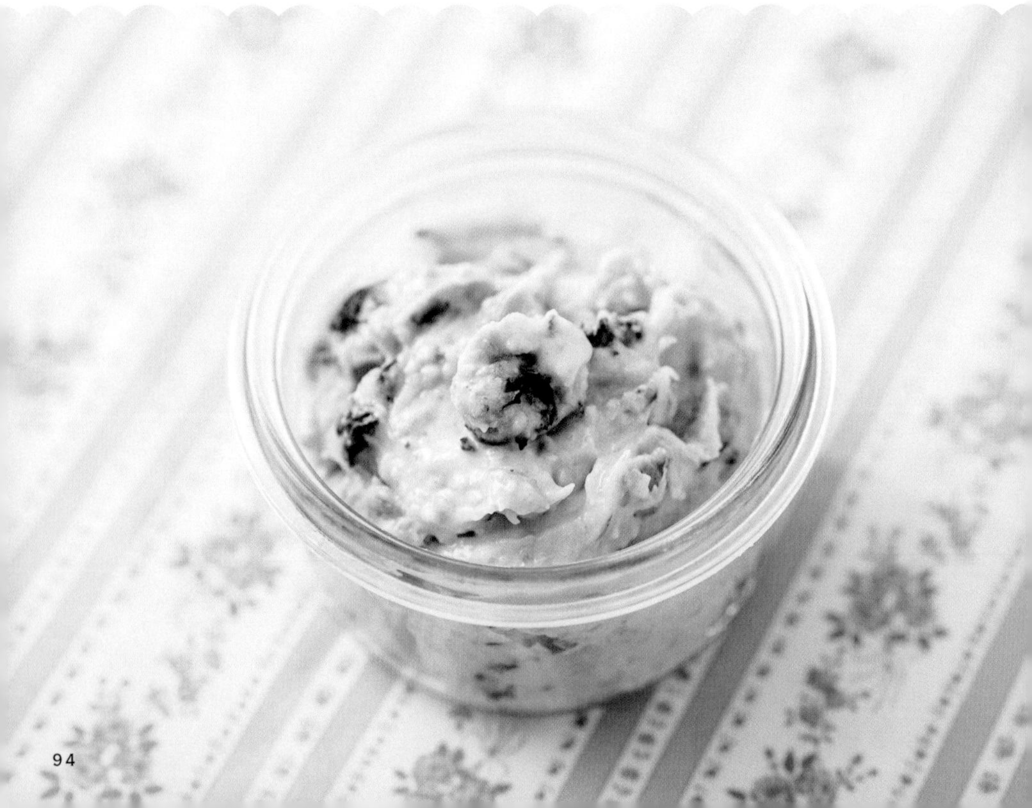

ぬるキャラメルバナナ

とろけるを甘〜いバナナで幸せ気分

クロワッサン
デニッシュ食パン
バゲット

【材料】作りやすい分量(約210g)

バナナ…1本(約120g)
グラニュー糖…15g
水①…小さじ1
水②…小さじ2
生クリーム…50㎖
砂糖…20g
アーモンドプードル…10g

【作り方】

1 バナナは1㎝幅の半月切りにする。

2 小鍋にグラニュー糖、水①を加えて、弱火〜中火にかけ、煙が出て色が変わったら火を止める(p.81のPOINT参照)。

3 バナナと水②を加えてよく混ぜ、沸騰がおさまったら、生クリーム、砂糖、アーモンドプードルを加えてよく混ぜる。再び中火で熱し、とろみがついたら火からおろし、冷ましてできあがり。

冷蔵3日

レモンのフロスティング

シャリシャリ感がたまらない

クロワッサン
生食パン
バゲット

【材料】作りやすい分量(約100g)

バター(室温に戻す)…50g
粉糖…50g
レモン果汁…小さじ1
レモンの皮…適宜

【作り方】

1 ボウルにバターを入れ、ゴムべらで柔らかくなるまで練ったら、粉糖とレモン果汁を加え、ホイッパーでふんわりするまで混ぜる。

2 器に盛り、レモンの皮をすり下ろしてのせてできあがり。

冷蔵3日

マンゴークリーム

柔らかいマンゴーの果肉からあふれる果汁

ベーグル
山型食パン
デニッシュ食パン

【材料】2人分(約190g)

クリームチーズ(室温に戻す)
…70g
砂糖…30g
アーモンドプードル…10g
マンゴー缶詰(汁気を切ったもの)
…100g

【作り方】

1 ボウルにクリームチーズを入れ、ゴムべらで柔らかくなるまで練ったら、砂糖とアーモンドプードルを加えてよく混ぜる。

2 マンゴーを加え、つぶしながら混ぜてできあがり。

冷蔵2日

レモンカード

爽やかなレモンの風味と濃厚なバター感がマッチ

生食パン
デニッシュ食パン
クロワッサン

【材料】作りやすい分量（約120g）

バター…15g
レモン果汁…1個分（約30g）
卵…1個
砂糖…60g

【作り方】

1 バターは1cm角に切る。

2 レモン果汁、卵、砂糖をボウルに入れてホイッパーでよく混ぜ、鍋に濾し入れたらバターを入れる。

3 弱火にかけてゴムべらで混ぜ、とろみがついたら火からおろし、冷ましてできあがり。

冷蔵14日

キウイのジャム

種の食感も楽しいジャム

角食パン
デニッシュ食パン
バゲット

【材料】作りやすい分量（約350g）

キウイ…3個（皮をむいて300g）
グラニュー糖…180g
レモン果汁…1/2個分（約15g）

【作り方】

1 キウイは皮をむき、半量は半月に切り、残りは手でつぶしておく。

2 すべての材料を鍋に入れ、強めの中火にかける。

3 沸騰したらアクを取り、水分が飛んで気泡が落ち着くまで、5分ほど強めの中火にかけたら火からおろし、冷ましてできあがり。

冷蔵7日／冷凍30日

POINT

このくらいまで気泡が落ち着いたら、火からおろしましょう。

パイナップルのジャム

ジャムにすることで、より果実の甘みが際立つ

角食パン
デニッシュ食パン
バゲット

【材料】作りやすい分量（約300g）

パイナップル
…1/2個（皮をむき、芯を取って300g）
グラニュー糖…220g
レモン果汁…1/2個分（約15g）
ミント…適宜

POINT

パイナップルはこのように切り分けていくと、細かくしやすいです。

【作り方】

1 パイナップルは葉を落として縦に4等分し、芯を取ったら、さらに縦に半分に切って皮を取る。半分はさいの目に切り、残りは手でつぶす（4等分したものを2つ使用する）。

2 すべての材料を鍋に入れ、強めの中火にかける。

3 沸騰したらアクを取り、水分が飛んで気泡が落ち着くまで、5分ほど強めの中火にかけたら火からおろす。冷ましたら器に盛り、ミントをかざってできあがり。

冷蔵7日／冷凍30日

グレープフルーツとオレンジのジャム

きらきらの宝石のような果肉に心ときめく

角食パン
デニッシュ食パン
バゲット

【材料】作りやすい分量（約230g）

グレープフルーツ
…1個（実と果汁、合わせて150g）
オレンジ
…1個（実と果汁、合わせて130g）
グラニュー糖…150g

【作り方】

1 グレープフルーツとオレンジは皮をむき、薄皮から実を取り出し、残った果肉はしぼる。

2 すべての材料を鍋に入れ、強めの中火にかける。

3 沸騰したらアクを取り、水分が飛んで気泡が落ち着くまで、5分ほど強めの中火にかけたら火からおろし、冷ましてできあがり。

冷蔵7日／冷凍30日

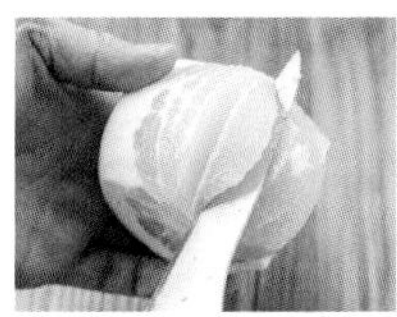

POINT

包丁で薄皮から実をはがすようにして切ると、取り出しやすいです。

マスカットと白ワインのジャム

皮はむかずに作れるのがポイント

山型食パン
デニッシュ食パン
バゲット

【材料】作りやすい分量（約340g）

マスカット…300g
白ワイン…50mℓ
※シャンパンなどでもOK
グラニュー糖…200g
レモン果汁…1/2個分（約15g）

【作り方】

1 マスカットは半分に切って、種があれば取り、フードプロセッサーで細かくする。

2 すべての材料を鍋に入れ、強めの中火にかける。

3 沸騰したらアクを取り、水分が飛んで気泡が落ち着くまで、5分ほど強めの中火にかけたら火からおろし、冷ましてできあがり。

冷蔵7日／冷凍30日

※アルコールに弱い方や、お子様はお召し上がりにならないでください。

トマトのジャム

甘酸っぱいトマトの風味が魅力的

バゲット
山型食パン
生食パン

【材料】作りやすい分量（約250g）

ミニトマト…300g
グラニュー糖…180g
レモン果汁…1/2個分（約15g）

【作り方】

1 ミニトマトは湯むきして4つ割に切る。

2 すべての材料を鍋に入れ、強めの中火にかける。

3 沸騰したらアクを取り、水分が飛んで気泡が落ち着くまで、5分ほど強めの中火にかけたら火からおろし、冷ましてできあがり。

冷蔵7日／冷凍30日

紅茶のジャム

茶葉の味わいがぎゅっと凝縮

バゲット
生食パン
クロワッサン

【材料】作りやすい分量（約350g）

ティーバッグ（アールグレイ）…3個
水①…150mℓ
グラニュー糖①…140g
ペクチン…15g
グラニュー糖②…10g
水②…100mℓ

【作り方】

1 ティーバッグと水①を小鍋に入れて中火で熱し、沸騰したら火を止める。ふたを閉めて5分蒸らして濃い紅茶を作り、グラニュー糖①を加えたら、混ぜて溶かす。

2 ペクチンとグラニュー糖②をよく混ぜて別の小鍋に入れ、水②を加えてよく混ぜたら、ペクチンが溶けるまで弱火にかける。

3 1を加えてよく混ぜたら、再び弱火にかけ、軽く沸いてとろみがついたら火からおろし、冷ましてできあがり。

冷蔵7日／冷凍30日

ミルクのジャム

濃厚なミルクの甘みに癒やされる

山型食パン
全粒粉の食パン
バゲット

【材料】作りやすい分量(約200g)

牛乳…100mℓ
生クリーム…100mℓ
砂糖…100g
コアントロー…大さじ1

【作り方】

1 すべての材料を鍋に入れて中火にかけ、砂糖が溶けるまでかき混ぜる。

2 砂糖が溶けきったら弱火にし、時々かき混ぜ、15分ほどとろりとするまで煮詰めたら火からおろし、冷ましてできあがり。

冷蔵7日／冷凍30日

冷凍ジャム　いちご

煮詰めないからフレッシュな味わいそのまま

角食パン
デニッシュ食パン
バゲット

【材料】作りやすい分量（約450g）

いちご…250g
グラニュー糖…200g

【作り方】

1 いちごはへたを取り、汁気が出るくらいまでつぶし、グラニュー糖と混ぜて30分ほどおいて馴染ませたら、ラップで包み、冷凍する。

2 食べる15分ほど前に冷凍庫から出し、自然解凍してできあがり。

冷凍30日

POINT

ラップで包むときに小分けにすると、少しずつ使えて便利です。

冷凍ジャム　ブルーベリーミント

ミントが効いた爽やかな甘さ

角食パン
デニッシュ食パン
バゲット

【材料】作りやすい分量（約460g）

ブルーベリー（冷凍もOK）…250g
ミント…10g
グラニュー糖…200g

【作り方】

1 ブルーベリーは汁気が出るくらいまでつぶし、ミントはみじん切りにして、グラニュー糖と混ぜて30分ほどおいて馴染ませたら、ラップで包み、冷凍する。

2 食べる15分ほど前に冷凍庫から出し、自然解凍してできあがり。

冷凍30日

ドレッシングにアレンジ

かんたん！
アレンジ
レシピ ❹

arrange_1 レモンカードのスイートレモンマヨネーズ

【材料】作りやすい分量（約55g）

レモンカード … 小さじ2（→作り方p.98）
マヨネーズ … 大さじ3

【作り方】

レモンカードとマヨネーズをよく混ぜ合わせてできあがり。

arrange_2 キウイのビネグレットソース

【材料】作りやすい分量（約55g）

キウイのジャム
… 小さじ2（→作り方p.99）
塩 … 小さじ1/4
穀物酢 … 大さじ1
オリーブオイル
… 大さじ2

【作り方】

キウイのジャム、塩、穀物酢をよく混ぜ合わせ、オリーブオイルを少しずつ加えながらよく混ぜてできあがり。

arrange_3 パイナップルのチリドレッシング

【材料】作りやすい分量（約55g）

パイナップルのジャム
… 小さじ2（→作り方p.100）
塩 … 小さじ1/4
穀物酢 … 大さじ1
ペッパーソース … 3滴
オリーブオイル
… 大さじ2

【作り方】

パイナップルのジャム、塩、穀物酢、ペッパーソースをよく混ぜ合わせ、オリーブオイルを少しずつ加えながらよく混ぜてできあがり。

パン友レシピ
材料別 Index

レシピでメインに使われている食材の索引ページです。
「あの食材を使ったパン友が食べたいなぁ」
「冷蔵庫のあの食材を使い切りたい」
といったときなどにご活用ください。

野菜・きのこ・豆・ナッツ類（加工品含む）

荻山和也
Kazuya Ogiyama

パン・料理研究家。パン研究家の第一人者である竹野豊子氏に師事し、ヨーロッパの製パン学校でパン作りを学ぶ。そこで得た知識や技術から生み出されたパンのレシピが、各所で好評を博す。
自宅や企業での料理教室の開催や、雑誌や書籍の執筆を数多く行い、これまでの出版物は30冊以上にものぼる。出版物は中国やタイなど、海外で翻訳もされている。
現在は書籍のレシピの作成や執筆にとどまらず、ウェブサイトでの家電やキッチン用品の批評、企業のレシピの監修など多彩に活躍している。
著書に『ホームベーカリーで作る高級専門店のパン』(主婦の友社)など。

料理アシスタント ● 菅沼亜紀子　平田愛
デザイン ● 武田紗和(フレーズ)
撮影 ● 小宮山桂
校正 ● 東京出版サービスセンター
編集 ● 三浦恵

ひとぬりで幸せになるパン友レシピ

2021年11月18日　第1版　第1刷発行

著者　荻山和也
発行所　WAVE出版
〒102-0074　東京都千代田区九段南3-9-12
TEL　03-3261-3713
FAX　03-3261-3823
振替　00100-7-366376
E-mail　info@wave-publishers.co.jp
https://www.wave-publishers.co.jp
印刷・製本 萩原印刷

NDC596　111P　21cm　ISBN 978-4-86621-383-5